AF224449

LA
CONTRE-RÉVOLUTION
SUPPOSÉE.

DISCOURS *prononcés dimanche 30 Mars , dans la Société des Amis de la République, séante à Toulouse.*

Par le Citoyen GIZOS-DUPLESSIS.

CITOYENS,

La premiere fois que je parus à cette tribune, vous daignâtes accueillir mes principes , parce que le sentiment de la dignité de l'homme avoit guidé mon cœur comme il avoit enflammé les vôtres. Je viens aujourd'hui m'acquitter envers vous d'une partie de la dette que je contractai dans le sein de cette assemblée ; je promis de me consacrer au développement des grandes vérités qui déterminerent notre révolution , & qui doivent la mettre au premier rang de toutes celles qui se sont succédées sur cette terre toujours sanglante , & toujours arrosée de nos larmes sous le gouvernement de l'orgueil & de la superstition , mais qui, sous l'égide de la philosophie & de la raison , deviendra le séjour du bonheur & le temple de toutes les vertus. Dans mon premier discours , j'exquissai l'effroyable tableau de la France avant 1789 ; les pieges sans cesse renaissans , & les fourberies toujours actives des ennemis du bien; après avoir promené vos regards sur toutes ces turpi-

A

tudes, vous parûtes respirer avec plaisir devant l'image de l'édifice majestueux qui s'éleve sur les ruines de toutes les erreurs ; vos ames embrasées par le saint amour de l'humanité, ont applaudi au génie qui en traça le plan, & au courage qui en cimenta les fondemens sacrés..... Mais dans ce jour où je vois se déployer tout l'appareil de la destruction & de la mort, où les rois, les grands & les prêtres distillent dans leur creuzet infernal les poisons de tout les crimes ; dans ce jour où je vois l'athmosphere brillante de la liberté prête à se couvrir des vapeurs du sang de nos généreux guerriers, & de celui des automates vivantes rangés sous les drapeaux du despotisme ; dans ce jour qui doit affermir le trône de la raison, & centupler les rayons bienfaisans du génie ; dans ce jour enfin, où la lutte la plus épou-vantable & la plus décisive va nous plonger dans le gouffre du malheur, ou nous placer au faîte de la gloire & au milieu de toutes les prospérités ; j'ai cédé, en frémissant, à l'impulsion des conjonctures où nous sommes ; j'ai pris une plume trempée de mes larmes, & j'ai tracé le tableau d'une contre-révolution supposée.

Quels ont été nos crimes envers les dominateurs du monde ? quelles seront leurs vengeances, si nous leur permettons de les assouvir ; voilà ce dont je vais vous entretenir.

Il est temps enfin de déchirer entiérement le voile épais qui couvrit les ressorts secrets des gouvernemens royaux ; il est temps que les peuples fixent leurs regards sur tous les rouages sanglans de l'antique machine politique, dont l'effet fut l'esclavage de la plus grande masse des hommes, & posa sur des fonde-mens malheureusement trop solides, la puissance du

crime sous les emblêmes d'un sceptre & d'une cou-
ronne.

Que n'ai-je le génie de Rousseau & la sensibilité de
son ame ? que n'ai-je l'éloquence de cet être, dont en
pleurant nous avons voilé le visage ? à chaque phrase
vous jureriez sans doute de donner la mort à cent
esclaves & de la recevoir ensuite, plutôt que de voir
réaliser l'opprobre dont je vais dessiner les lugubres
horreurs.

Selon le code exécrable de nos loix anciennes toutes
tracées par une plume dégoûtante de sang, & toutes
burinées par la sottise & la folie sur des tables de fer,
de combien de crimes ne se sont pas rendus coupables
les généreux Français, qui, les premiers se livrerent à
l'exaltation de la vertu, du courage & du saint amour
de l'humanité! ils étoient environnés de toutes les
méfiances du trône ; l'effroyable arsenal de la politique
avoit déjà vomi ses armes atroces ; le monarque & son
conseil les avoient adroitement distribuées : le génie, la
raison & la justice étoient comprimés de toutes parts ;
les députés qui eurent le bonheur de braver la mort
pour emboucher la trompette patriotique & révolu-
tionnaire, furent aussi-tôt de grands scélérats aux yeux
des monstres dorés & mitrés, qui composoient la cour
du despote Français. Demandez à l'assassin frappé
mortellement par l'honnête homme qu'il veut égorger
quel est le plus scélérat des deux, il vous répondra,
c'est celui qui me tue; & voilà ce que disent tous les jours
les assassins de la raison & de la justice; voilà ce qu'ils
s'efforcent de faire croire à ce bon peuple, dont ils
voudroient succer le sang jusqu'à la dernière goutte.

En effet, Citoyens, les rois *par leur certaine science*

& pleine puissance , & parce que tel étoit leur plaisir , nous ordonnoient d'être des sots & de ramper aux pieds d'un trône , dont les bases posoient sur les ossemens des sots, nos très - honorables ayeux. Ils nous ordonnoient de croire que Dieu les avoient institués leurs représentans sur la terre , & nous étions assez sots pour les croire , & pour ne jamais exiger que ses délégués divins exhibassent leur patente signée par le Pere Éternel; ils nous ordonnoient de courber les genoux devant leurs favoris chamarrés de cordons de toute couleur , & nous avions la bonhommie de le faire quand nos cœurs se soulevoient contre leurs persécutions criminelles & contre les vices honteux qui les dégradoient. Ils nous ordonnoient de donner le dixieme de nos récoltes aux ministres de la religion , qui , regorgeant de richesses , avoient l'effronterie de nous dire qu'il étoit plus aisé au chameau de passer par le trou d'une aiguille , qu'au riche de passer par la porte du paradis , & nous ne voyons pas qu'il se fermoient eux-mêmes cette porte céleste , par l'accaparement de nos fortunes & par les jouissances successives qu'ils se procuroient avec les biens du pauvre.

Ils nous ordonnoient de croire ces prêtres , quand ils nous disoient que notre seule patrie étoit dans le ciel , nous les croyons bonnement sur parole , & nous avions la bonhommie de ne pas voir qu'en nous inspirant du dégoût pour l'existence que nous donna l'auteur de tout ce qui existe , ils profitoient astucieusement de notre indifférence pour nous tenir sous le joug.

Citoyens , notre patrie n'est-elle pas là , où respirent nos peres , nos meres , nos épouses , nos enfans & nos amis ; & dans ce moment auguste où nous combattons pour la liberté, n'entendons-nous pas le cri touchant de cette patrie en danger, qui nous rappelle que c'est en la servant bien, par nos vertus & notre courage, que nous verrons s'ouvrir, devant nous, les portes éternelles de la véritable gloire malgré le pape & ses suppôts. Ils nous ordonnoient de croire qu'ils étoient les peres de leurs sujets, quand, pour satisfaire leurs passions désastreuses, ils arrachoient les enfans aux bras paternels pour les faire impitoyablement égorger dans des guerres suscitées par leur orgueil, leurs maîtresses, ou par des ministres avares & ambitieux. Ils nous ordonnoient de croire que le noble étoit d'une nature plus parfaite que celle du roturier, & nous avions la simplicité de ne pas voir que le premier qui se fit appeller roi, *par la grace de Dieu*, fut un frippon adroit qui, pour se conserver son poste, imagina dans son affreuse politique, de créer un corps intermédiaire entre lui & le peuple, qui, recevant exclusivement de ses mains royales les honneurs & les richesses, s'habitueroit à se regarder comme le seul soutien du trône, dût le peuple languir dans les horreurs des privations, du mépris & de l'esclavage. Ils nous ordonnoient de ne pas douter que la justice nous seroit distribuée dans les regles de la plus stricte probité, & nous avions la foiblesse de croire que des emplois qu'on obtenoit pour de l'argent, étoient toujours remplis par la vertu, quand deux beaux yeux ne voyoient presque toujours dans celui qui s'appelloit juge, qu'un libertin effronté. Je ne parle point ici du magistrat, qui, plaçant un capital convenu sur une charge quelconque, avoit spéculé qu'il le doubleroit, en vendant son ministere à celui qui le paieroit le mieux. Ce sont de ces bagatelles dont il est inutile de vous entretenir. Ils nous ordonnoient de croire qu'il falloit que le paysan & l'ouvrier languissent dans le besoin afin que nos champs émissent de riches moissons , pour engraisser le sybarite des villes & l'opulent égoïste ; quand ces hommes vénérables , couverts des dédains de l'orgueil & de la sottise , méritoient , par le but de leurs travaux , & par la pureté de leurs mœurs , tous nos respects & la reconnoissance la mieux sentie. Ils nous ordonnoient de croire à leur prudence , quand tous les jours les moins éclairés des Français rioient de leurs bévues royales ; à la bonté de leurs cœurs , quand les prisons regorgeoient de victimes arbitrairement con-damnées ; à la délicatesse de leurs consciences , quand , sous des formes imposantes , ils nous arrachoient le prix de nos sueurs , par des extorsions sans nombre ; à leur économie bienfaisante , quand le luxe le plus révoltant attestoit leurs pompeuses jouissances ; à la pureté de leurs mœurs , quand des Pompadours , & mille autres messalines , tenoient alternativement les rênes de l'Empire ; à la protection qu'il accordoient au génie , quand l'homme au-dessus des préjugés de son siecle , & brûlant du saint amour de l'humanité, où gémissoit dans les cachots de la bastille où traînoit une existence douloureuse , il n'est pas un de vous qui ne verse en ce moment des larmes sur les malheurs de l'infortuné & immortel Rousseau.......

Je finis ici l'énumération des ordonnances émanées du bon plaisir des rois pour fixer vos idées sur le résul-tat de ces combinaisons astucieuses qui , dans une même famille avoient établi des milliers de corporations toutes opposées les unes aux autres par leurs intérêts respec-tifs , leur maniere de voir , leur éducation , leur industrie, & sur-tout par cet esprit de corps, chef-d'œuvre de la politique des cours, qui, d'une seule nation, en avoit fait une foule de petites n'ayant de commun entr'elles que l'esclavage, la misere & le nom. C'est dans ces dispositions fondées sur le principe exécrable des potentats, *divises, & tu regneras*, que nous trouvons la cause de tous les malheurs publics, de l'ignorance, de la férocité, de la fourberie, de l'avarice, de la haine, de l'ingratitude, de l'égoïsme, & généralement de tous les vices sociaux que provoque & nécessite la considération publique quand elle n'est décernée qu'à la richesse, à la fausse grandeur & aux seules apparences de la vertu. Graces immortelles soient rendues aux génies qui, de temps en temps, firent luire les feux de la raison ! honneur & reconnoissance aux Français qui firent entendre les premiers les mots divins de liberté & d'égalité ! haine & vengeance contre ceux qui voudroient les effacer du livre de nos loix ! Le talisman est brisé : nous voyons l'humanité dans son véritable point de vue, & dans le développement de toute sa majesté; rien; non rien ne nous empêchera de cimenter sa gloire & de la rendre inaltérable & éternelle. Eh ! de quoi se plaignent donc les ennemis de la régénération ? ont-ils daigné parcourir l'histoire des empires ? l'étonnante révolution qui nivelle tous les hommes ; est-elle donc si effrayante pour trouver des ennemis irréconciliables ? l'ancien ordre des choses étoit-il si sage, si naturel, si favorable aux Français, *si divin* pour être immortel ? tous les empires n'ont-ils pas éprouvé des changemens ? les romains ne furent-ils pas sous des rois dans leur origine, ne furent-ils pas républicains ensuite, & ne finirent-ils pas par être les instrumens actifs &

A 4

passifs des despotes nommés empereurs ? par une révolution inconcevable les sieges destinés autrefois aux Brutus, aux Scipions, aux Catons, aux Cicérons, ne sont-ils pas actuellement occupés par des cardinaux & & des moines ? les hordes de Mahomet ne distribuerent-elles pas les chaînes des préjugés & de la servitude aux habitans de la Grece, si savante & si guerriere autrefois ? les Maures ne s'emparerent-ils pas de toutes les Espagnes, & ne furent-ils pas expulsés après quatre cens ans d'envahissement ? les États-Unis de l'Amérique ne faisoient-ils pas une partie importante de l'Angleterre ; & le roi de France n'a-t-il pas planté lui-même l'arbre de la liberté dans ces heureuses contrées ? les Péruviens si paisibles & si intéressans, avant l'existence fatale de Christophe-Colomb, n'ont-ils pas été massacrés, brûlés & poursuivis comme des bêtes féroces par l'insatiable avarice & la barbarie épouvantable des Espagnols ?

Les tristes enfans de l'Afrique ne sont-ils pas vendus & achetés comme des bêtes de somme pour nous régaler de tabac, de sucre & de café ? les principes philosophiques & sacrés de Jesus, les maximes éternelles de douceur, de fraternité, d'égalité que contient son évangile divin n'ont-ils pas été interprêtés de toutes les manieres ; n'ont-ils pas été ajustés à toute sortes de passions ? les ministres d'un Dieu de paix & de miséricorde ne se sont-ils pas en Espagne & en Portugal, érigés en juges sanglans sous le nom effroyable d'inquisiteurs & de vengeurs de la foi ? les mœurs de tous les peuples n'ont-elles pas changé ? les découvertes industrielles n'ont-elles pas peu-à-peu multiplié les jouissances humaines ? la philosophie qui, dans la Grece &

dans Rome , avoit autrefois jetté son premier éclat , n'avoit-elle pas disparu au milieu de la férocité & des combats , & depuis cinquante années ne la voyons-nous pas répandre sa lumiere à grands flots , échauffer tous les cœurs , développer les grands caracteres , & préparer enfin le regne de la justice & du bonheur.... Et quand cette époque solemnelle est arrivée , nos ennemis osent nous faire un crime de la célébrer ! nous sommes des scélérats & des factieux contre lesquels toutes les passions doivent diriger leurs poisons & leurs poignards.... Eh bien , oui , rois , princes , évêques , nobles & prêtres , nous ferons oublier jusques aux noms que l'orgueil vous donna ; nous voulons que nos enfans ne connoissent que celui de liberté , d'égalité & de vertu. Nous voulons que tous les hommes ne soient qu'une famille de freres , tous brûlant du saint amour du bien , tous esclaves de nos loix simples indiquées par la nature ; tous ennemis des cordons , tous persécuteurs acharnés de ceux qui les donnent , de ceux qui les reçoivent , & de ceux qui se plaisent à les adorer. Nous avons tous prononcé ce serment auguste ; citoyens , déjà le vent de la liberté a renversé ces colonnes gothiques qui s'élevoient au-dessus des hommes ; le glaive de la loi acheve d'abattre ce qui a résisté au souffle régénérateur , devant lequel tous les nuages de l'erreur & de la sottise doivent disparoître. Nous avons fait trembler tous les rois , nous avons voulu le bonheur de tous les peuples ; voilà nos crimes effroyables....... J'entends d'ici les cris de rage que lancent l'orgueil des grands , & l'hypocrisie des mauvais prêtres. Mes yeux parcourent la liste des proscriptions , la longue & terrible nomenlature des moyens de vengeances & les amas formidables des instrumens qui doivent les accomplir.

Citoyens, depuis que la lutte a commené , combien de fois n'avons-nous pas gémi sur les barbaries sans nombre de nos ennemis ? forcés de convenir intérieu- rement de la sagesse de nos principes, avec quel sang- froid n'ont-ils pas tramé les infâmes complots qui devoient nous diviser ? quels talens n'ont-ils pas déployés pour susciter des troubles dans toutes les parties de la république ? eh ! croyez-vous qu'ils aient réellement en vue le bonheur des nations ? des pitoyables parchemins , des distinctions puériles , des jouissances crapuleuses , des impunités successives des monceaux d'or extorqués à la foiblesse ; voilà ce qu'ils regrettent ; voilà ce qu'ils veulent aller chercher au milieu des cadavres innombra- bles qu'ils se proposent d'entasser. Rien dans leur rage infernale n'arrêtera leurs passions furibondes & carnas- sieres. Je les vois , si le sort le plus fatal annulloit le courage de nos bataillons , se répandre dans l'inté- rieur de notre patrie : je vois des phalanges d'antro- pophages armés de torches & de poignards , s'avancer sur des milliers de victimes vers nos cités désolées après avoir massacré les peres de l'agriculture , incendié nos moissons , détruit nos vergers & inondé nos belles com- pagnes de tout le sang de leurs infortunés habitans. Je vois ces prêtres féroces portant un crucifix & un poignard , comme Vacrade lors de l'exécrable conquête du Pérou , dire *sois esclave* & se venger de la noble résistance de l'hom- me qui a le droit de vouloir être libre , en assomant , au nom d'un Dieu de bonté ses créatures braves , mais désarmées , ou donnant avec l'effigie du divin philosophe le signal des vengeances & du carnage. O comble de misere & de douleur! tout ce que la soif du sang, tout ce que les passions exaspérées ont de plus sinistre le déploie avec toutes ses horreurs. Les contre-révolutionnaires ont chacun à la main la liste qui contient les noms des français qui se sont réveillés aux cris de la raison ; tous sont désignés criminels de leze-majesté royale , parce qu'ils ont eu la noble hardiesse de venger la majesté divine & la sainte humanité. Tous paroissent devant le tribunal , dont les ossemens de nos guerriers sont les bases , & tous sont impitoyablement égorgés sur le parquet de cette chambre ardente. Épouses , meres , enfans , c'est envain que vous tendez les bras vers ces tristes & généreuses victimes de la plus belle des causes ; ils ont voulu purifier cet univers du poison corrupteur qui l'infectoit depuis tant de siecles ; ils ont voulu que l'astre du jour n'éclairât qu'une famille ; que les champs fournissent également à tous les alimens que l'auteur de la nature s'obligea de faire naître pour tous ceux auxquels il donna l'existence ; ils ont voulu qu'un homme n'eût pas le droit de rire en secret avec ses maîtresses & ses favoris, de la sottise de vingt-cinq millions d'hommes ; ils ont voulu que les ministres des autels donnassent l'exemple des vertus dont ils parloient tant, & qu'ils pratiquoient si peu. Ils ont voulu que les hommes cessassent enfin de ne penser , & de n'agir que d'après des impulsions humiliantes ; des idées fausses de leur dignité essentielle ; de leurs obligations respectives , & de leur destination sur la terre ; ils vouloient enfin graver sur tous les sites du monde ces mots sacrés , *bonheur universel*. Mais ces vues attendrissantes sont des attentats horribles aux yeux des cannibales qui n'ont appris qu'a remper devant un roi pour que d'autres rampent à leurs pieds. Leurs prérogatives ne durent la considération qu'ils regrettent qu'à des massacres successifs, & les mêmes moyens doivent leur redonner leur antique consistance. Le flambeau de la philosophie & de la raison doit s'éteindre dans un fleuve de sang. Nos bibliotheques, ces dépôts sacrés de toutes les lumieres, ces archives du génie, sources inépuisables des plus précieuses jouissances, seront les premiers alimens des flammes destructives qui éclaireront nos désastres. C'est à leur lueur funebre que nous verrons se reconstruire l'édifice renversé par la raison; c'est de leur cendre que renaîtront la féodalité, la chicane, les dîmes, les intendans, les chapitres, & les couvens; les romans mustiques, les catalogues des foux de la Thébaïde occuperont la place des œuvres immortelles de Voltaire, de Mabli, de Raynal, d'Helvétius, & de Montesquieu, & le contrat social disparoîtra devant le livre du blazon; à cette horrible exécution succédera la reintégration de tous les vices aux premiers postes de l'état. Nous verrons reparoître, sur les sieges de la justice, ces magistrats bouffis d'orgueil, efféminés par la débauche & palpitans de fureur contre le peuple qui les recusera toujours; la justice vendue au poids de l'or, par les mains de l'ignorance & de la vanité, dédommagera ces hommes fourrés de la réprobation qui les dégrade. Les ministres des autels élus par le peuple, parce qu'il fut témoin de leurs vertus civiques, repoussés & proscrits par la vengeance des prêtres élus par la cour sur la recommandation des laïs qui la fréquentoient, iront gémir dans la retraite, au milieu de toutes les privations, sur les malheurs de leurs concitoyens, & sur l'interprétation fausse & intéressée de la morale de Jesus.

Mais quel monstre éleve sa tête hydeuse au-dessus des décombres qui m'environnent ? des torches, des poignards, tous les instrumens de l'hypocrisie & du fanatisme chargent ses mains sanglantes ; les emblêmes de la religion sont peints sur ses vêtemens lugubres ; citoyens, je le reconnois aux bourreaux & aux victimes qui l'entourent. — C'est l'effroyable inquisition, dont l'existence infecte l'air du portugal, de Rome, & de l'Espagne ; je la vois promener ses regards farouches sur toutes les consciences. Elle déploie à mes yeux & sur toute la France ses filets homicides. Le génie & l'innocence tombent de toutes parts dans les pieges qu'elle leur tend. Ses cachots se remplissent ; ses bûchers s'allument, j'entends les cris douloureux des tristes victimes de la raison qu'elle égorge, & brûle impitoyablement.

N'en doutez pas, citoyens, ce tribunal, l'opprobre de l'humanité sera l'une des premieres institutions, & la premiere conséquence du rétablissement d'une religion dominante, & du despotisme des rois. Croyez-vous que dans un moment où la régénération politique a fixé nos idées sur la véritable & sainte morale de l'évangile, & sur les formes religieuses si bien combinées avec les systêmes royaux ; croyez-vous, dis je, que nos farouches ennemis ne profiteront pas de la terreur generale, & de l'impuissance des hommes de bien pour cimenter, à quelque prix que ce soit, leur puissance reconquise, sur l'ignorance & l'épouvante ? Ah ! n'en doutez pas, c'est par l'inquisition que les romains & les espagnols ont perdu cette antique énergie que l'histoire célébre à chaque page ; c'est par elle qu'ils méritent actuellement nos mépris ; c'est d'elle enfin que leurs despotes respectifs, se servent pour tourner contre nous des nations, qui combattroient pour notre grande cause, si leurs infâmes inquisiteurs leur avoient permis d'en connoître le but & la beauté.

Je n'entrerai point dans le détail des contributions forcées, des brutalités d'une soldatesque étrangere, des vengeances particulieres, des proscriptions & des persécutions sans nombre dont nous serions les déplorables victimes : vous devez facilement les concevoir. Lorsque les droits des rois l'emportent sur les droits des peuples, & que les premiers ne peuvent se soutenir que par l'erreur & la mort ; il est aisé de calculer les suites de l'effort que nous aurions fait pour être libres & égaux. Oui, la politique de nos vainqueurs seroit indubitablement de briser nos presses, de brûler nos livres, d'anéantir nos fortunes, d'annihiler notre raison, d'éteindre le génie, d'enchaîner nos bras, & de nous ramener, par tous les moyens possibles, aux temps de la férocité & de la plus profonde ignorance : à ces époques honteuses, où un roi, sur les rêveries de Pierre l'Hermite, & d'après l'astucieuse impulsion d'un pontife de Rome, envoyoit des millions d'imbécilles se faire égorger, mourir de la peste & des excès de la débauche, aux pieds de remparts de Damiete & de Jérusalem ; à ces époques où furent imaginées les armoiries ; à ces époques, où les seigneurs, du fond de leurs repaires, appellés châteaux, levoient un droit sur la pudeur, écrasoient leurs vassaux & pilloient les voyageurs ; à ces époques, où l'on se battoit pour un capuchon de moine, plus ou moins pointu ; à ces époques,

où un pape , (Alexandre VI) égorgeoit quatre - vingt convives dans l'appartement où il couchoit avec ses deux propres filles ; à ces époques , où trois papes donnoient au monde le spectacle risible de trois vicaires de Jesus qui s'excommunioient réciproquement ; à cette époque enfin , où à Rome on chantoit un *Te Deum* , parce qu'un roi de France , fils aîné de l'église avoit fait couler à grands flots le sang de cinq cens mille sujets , qui ne pensoient pas comme il affectoit de penser..........
Et ces jours affreux succederoient au jour heureux qui nous éclaire ! non , citoyens , un effort magnanime , une union parfaite , un dévouement réel , une surveillance active , des instructions multipliées , le sentiment profond & raisonné de la liberté , un courage digne de la cause que nous défendons , une confiance entiere dans les citoyens qui n'ont point varié depuis mil sept cent quatre-vingt-neuf , une obéissance respectueuse aux lois , des secours prudemment distribués à nos freres dans le besoin , des sacrifices généreux , réclamés par les circonstances , des discussions bien motivées & majestueusement faites dans nos assemblées ; voilà les remparts insurmontables que nous devons opposer à nos ennemis ; voilà les véritables armes de la raison , de la justice & de la liberté ; j'ai vu , citoyens , que vous saviez vous en servir. Puissent tous les patriotes vous imiter , & jamais le tableau que je viens de vous offrir , ne pourra se réaliser.

[illegible]

www.ingramcontent.com/pod-product-compliance
Lightning Source LLC
Chambersburg PA
CBHW061628050726
47595CB00007B/3090